RECOPILACIÓN
DE TEXTOS INFANTILES

KUKO
4

RECOPILACIÓN
DE TEXTOS INFANTILES

Eliana Pérez González
Dulce Ma. Suárez López
Marcela Enriquez

EMU *editores mexicanos unidos, s.a.*

D. R. © Editores Mexicanos Unidos, S. A.
Luis González Obregón 5, Col. Centro,
Cuauhtémoc, 06020, D. F. Tels. 55 21 88 70 al 74
Fax: 55 12 85 16
editmusa@prodigy.net.mx
www.editmusa.com.mx

Coordinación editorial: Mabel Laclau Miró
Diseño de portada: Daniel Martínez
Formación y corrección: Equipo de producción de
Editores Mexicanos Unidos

Miembro de la Cámara Nacional
de la Industria Editorial. Reg. Núm. 115.

1a edición: junio de 2012
1a reimpresion: enero de 2013
ISBN (titulo)   978-607-14-0928-7
ISBN (colección) 978-968-15-0801-2

Impreso en México
Printed in Mexico

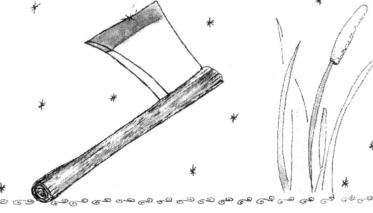

Fábulas

La lechuza se muda de casa

Alexander Ugarte (adaptación)

Una lechuza que iba de viaje, se detuvo en el nido de la tórtola.

—¿Adónde vas? —le preguntó la tórtola.

—Me mudo a las tierras del este —contestó la lechuza—, porque a la gente de esta tierra no le gusta mi graznido.

—Eso estaría muy bien si, marchándote, pudieses cambiar tu voz —le dijo la tórtola—; pero si no puedes, te encontrarás con el mismo problema: siempre hallarás a personas que no les guste tu graznido.

De nada sirve cambiar de lugar si no cambiamos nuestra forma de ser: los defectos nos acompañarán allá donde vayamos.

LA SOSPECHA

(Fábula tradicional rusa)

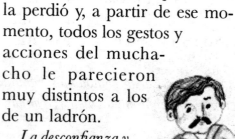

Un campesino perdió su hacha y, desconfiado como era, sospechó enseguida del hijo de su vecino. Cada vez que pasaba cerca, lo observaba y le parecía que su manera de caminar, su forma de hablar y la expresión de su rostro eran las mismas de un ladrón.

Unos días después el campesino encontró su hacha bajo los leños que él mismo cortó el día que la perdió y, a partir de ese momento, todos los gestos y acciones del muchacho le parecieron muy distintos a los de un ladrón.

La desconfianza y la sospecha nos hacen ver todas las cosas de manera distorsionada.

EL SAPO Y LA LUCIÉRNAGA

Juan Eusebio Hartzenbusch

Una luciérnaga avanzaba en la noche por el pasto, ajena al suave resplandor que iba esparciendo en torno suyo, embelleciendo la noche. Por el mismo prado se arrastraba un sapo que no dejó de percibir la luz que desprendía la luciérnaga. Envidioso, corrió hasta ella y se dispuso a tragársela. Entonces, la luciérnaga, al ver las intenciones del sapo, le preguntó:

—¿Por qué me haces esto? ¿Qué daño te he hecho yo?

Y el sapo, segundos antes de engullirla, respondió:

—¡Brillar!, ¿no te parece una razón suficiente?

El bien ajeno se torna veneno en el corazón del envidioso.

¡Viva La Independencia!

Tradiciones

¡Viva México!

La Independencia

Forjar una nación no es pequeña ni corta empresa. Como la buena simiente bajo la buena tierra, requiere tiempo, soportar vientos, sequías y tormentas, además de aprovechar días de sol y el agua fresca de la lluvia. Así, un día, la semilla se convierte en planta y la planta en árbol o arbusto; y luego llegan flores y frutos.

Septiembre es un mes que a todos los mexicanos nos recuerda las acciones e ideas de todos esos hombres que abrieron camino al paso de nuestra nacionalidad e independencia.

La historia es un cofre que encierra mil episodios que nunca se borrarán. Basta abrir cualquier cajón de la historia de nuestro país para ver brotar de ahí luces de bengala que subirán alegres para iluminar el cielo de nuestras tradiciones, costumbres y folklor, que envuelve a las fiestas patrias.

Brillantes chispas van cayendo a lo largo de este simbólico mes que ilumina con sus alegres festejos pueblos y ciudades enteras. Todas las calles principales se engalanan con banderas, cadenas de papel de china o hileras de focos tricolores. Antes del 15 de septiembre, nuestros artesanos realizan prodigios de imaginería luminosa, representando sobre fachadas de edificios públicos símbolos patrios o las figuras de los héroes nacionales.

La noche del 15, en zócalos y plazas de las ciudades de todo el país se aloja una multitud animada que, entre sonidos de cornetas de cartón, serpentinas y confeti y luciendo exagerados sombreros de palma, rebozos y jorongos, se dispone a festejar el "Grito de Independencia".

En la capital del país la gente se congrega en la Plaza de la Constitución, es decir, el Zócalo de la ciudad de México, así como en las sedes de cada delegación política, para celebrar la Independencia. A las once en punto de la noche se abre el balcón principal de Palacio Nacional, desde donde el presidente de la república, y una comitiva de representantes políticos pronuncia las tradicionales y memorables frases: "¡Mexicanos...! ¡Que vivan los héroes que nos dieron Patria y Libertad! ¡Viva México!" al tiempo que hace repicar la histórica campana, como lo hiciera en el año de 1810 el cura Miguel Hidalgo y Costilla en el pueblo de Dolores, Guanajuato.

Enseguida, se eleva el clamor de la multitud en vítores a México para luego, en gigantesco coro, entonar el Himno Nacional. A las emocionadas voces se suma el repique a vuelo de las campanas de la catedral, el estallido de los cohetes y el silbido de los castillos, "toritos" y toda clase de luces artificiales que iluminan el cielo de la noche.

En las plazas públicas donde se realizan las fiestas patrias no pueden faltar los clásicos puestos de antojitos: ahí están los humeantes botes con elotes cocidos y tamales; los comales donde se fríen quesadillas, sopes y enchiladas y toda aquella comida típica que nos recuerda nuestras raíces culturales.

La verbena popular se prolonga hasta altas horas de la madrugada, cuando los niños ya se han cansado de corretear y tocar sus trompetas, y los más pequeños duermen en los brazos de sus padres. El jolgorio se va apagando entre el sordo ruido de los pasos que se dirigen, agotados, de regreso a casa.

Al clarear el nuevo día, comienzan a distinguirse las siluetas de los barrenderos que, aunque es fiesta, tienen más trabajo que nunca, pues deben recoger de las calles los innumerables restos que fue dejando, a su paso, el regocijo popular.

El nuevo día atrae una vez más a la multitud para presenciar el desfile militar, que poco a poco se va acomodando a los lados de las calles por donde pasarán, en una larga fila, los grupos militares, ya sea a pie, a caballo, en tanques, en aviones que rasgan el cielo, los marinos de vistosos uniformes, los cadetes del Colegio Militar y el heroico cuerpo de bomberos que siempre levanta a su paso entusiastas aplausos.

El desfile empieza en el Zócalo, frente a Palacio Nacional, desde donde lo contempla el presidente de la república y sus acompañantes.

Y mientras la gente disfruta el desfile, los vendedores ambulantes ofrecen banderitas, rehiletes y otros objetos para animar la fiesta.

También, con el fin de que todos aquellos mexicanos que están en el extranjero, como turistas o residentes, recuerden que el nuestro es un país independiente y soberano, en todas las embajadas de México en el extranjero se invita a los mexicanos para que se unan al festejo del "Grito de Independencia".

Muchos fueron los héroes que participaron en esta guerra de Independencia. Los nombres de Hidalgo, Allende, Aldama, Abasolo, Jiménez, Vicario, Mina, Morelos y Guerrero nos recuerdan la importancia de una patria libre e independiente.

Recordemos que la labor de nuestros patriotas no debe ser en vano; que la libertad hay que cuidarla y apreciarla para conservar el México libre que la guerra de Independencia nos legó.

Cuentos Mitos y Leyendas

LA LEYENDA DEL COPIHUE

(De la tradición oral chilena)

Antes de la llegada de los conquistadores españoles a estas tierras, vivía en medio de la selva araucana, entre Maule y Llanquihue, una hermosa doncella que pasaba largas horas en aquel vergel, siempre triste y solitaria. Nada la distraía; nadie era capaz de arrancarle una sonrisa de los labios. Su padre, un cacique muy poderoso, la colmaba de regalos: collares preciosos, ricos manjares y hermosas mantas multicolores, pero nada lograba hacerla feliz.

De todas partes de la Araucanía acudían continuamente valerosos guerreros a solicitar su mano, pero la muchacha, después de mirar a los pretendientes con sus maravillosos ojos, meneaba la cabeza y suspirando regresaba sola al espléndido jardín.

En una hermosísima noche de luna llena, la joven, que no podía dormir, salió a caminar y a admirar una vez más aquel paisaje familiar, suspirando más triste que nunca. De pronto, oyó que otro suspiro le respondía desde una quebrada lejana y una voz muy dulce le susurraba:

—¡Qué hermosa eres, doncella!

La joven se acercó e inclinó su cuerpo para ver quién hablaba, y descubrió entre los matorrales a un joven indígena muy apuesto.

—¿Quién eres? —le preguntó.

—Soy un hombre de tu pueblo.

—¿De mi pueblo? —exclamó extrañada la joven— ¿Y cómo te atreves a declararte a escondidas de mi padre? ¡Calla de inmediato si no quieres que se lo cuente al cacique!

Y, diciendo esto, la muchacha, muy molesta, sacudió la cabeza con tanta fuerza que sus pendientes, dos piedras bellísimas, se desprendieron de sus orejas y cayeron sobre la hierba, muy cerca de la quebrada. El indígena lo vio todo, pues a los insultos de la joven él había inclinado la cabeza, avergonzado. Entonces, sin que la doncella se diera cuenta, recogió los pendientes y los enterró bajo un frondoso canelo.

Pasaron los meses, y un buen día el joven vio despuntar sobre la tierra, donde escondiera los pendientes, unas hojitas verdes en forma de corazón que, poco a poco, se fueron convirtiendo en una planta que llevaba unidas a su tallo dos florecitas gemelas de un bello color carmesí. Era la flor del copihue. Mientras las contemplaba asombrado, oyó junto a él un ruido y una voz dulce que murmuraba a su oído:

—¿Me perdonas las crueles palabras que te dije aquella noche de plenilunio? Desde entonces no he tenido un instante de reposo, he llorado y sufrido mucho pensando en ti, mi querido amigo. ¡Perdóname, te lo ruego!

El indígena, luego de escucharla, se arrojó a los pies de la muchacha y se los besó. La joven, entonces, tomándolo de la mano, lo llevó con su padre el cacique, que en ese momento estaba en asamblea, y, una vez ahí, en presencia de todos, dijo:

—Finalmente soy feliz. He encontrado al esposo digno de mí. Bendice, pues, a tus hijos, padre. ¡Te lo ruego!

La boda se celebró sin tardanza y con gran pompa. Los invitados se contaban por centenares, pues los más nobles representantes de todos los pueblos de Arauco llegaron a participar en ella.

La novia llevaba un espléndido vestido de lana pura, collares, brazaletes de plata y pendientes de piedras preciosas. Pero en su cabeza lucía únicamente una corona de copihues rojos, flor que desde entonces sería el símbolo sagrado de la noble y valerosa raza araucana.

21

LA CASA DEL ABUELO

Fanny Buitrago

La visita

Se acercaba la Navidad y, un día, papá llegó sorpresivamente. Venía cargado de besos, risas, turrones, almendras, jamones y regalos. Venía de lejos a pasar una temporada con mamá y los niños, contento porque había vendido bastantes máquinas de sumar y restar. Contento porque todos estaban juntos de nuevo.

El sábado en la noche hubo fiesta. No con limonada helada y raspado de vainilla, sino con vino, galletas, pollo frito y papitas. Apareció el tío Gonzalo, que vivía en la ciudad. Vinieron las Cervantes, los Reales, los Gutiérrez y otras personas, todos bien peinados y con trajes nuevos.

A Lucho y los niños les dieron permiso para estar levantados hasta tarde, casi —¡una barbaridad...!— ¡las doce de la noche! Abuela Modesta abrió la sala grande, la que tenía muebles de roble, mesa de centro, consolas de largas patas y carpetas de hiloseda, en donde estaba el piano cubierto con un mantón español y el retrato de un hombre serio y enpelucado —a quien Elsy miraba de reojo—, quien no era un terrible pirata como los niños pensaban, sino, según explicó esa noche el abuelo, un gran músico...

Tía Merce se acercó cuando el abuelo hablaba del músico del retrato para preguntarle si quería una copa de vino o un ala de pollo. Él dijo que no, "mil gracias niña Merce", que el vino era suficiente.

—¿No quieres algo? —preguntó ella.

Él quería escucharla tocar. Quería que sus nietos, Elsy, Falsy, Luisito y Lucho, supieran quién era Beethoven, el músico y gran hombre, aunque lo olvidaran en seguida y tuviesen que recordarlo luego...

Tía Merce estaba muy linda con su vestido blanco. Se sentó al piano, en la butaca de tres patas, sus manos morenas sobre el teclado, la espalda derechita y el pelo negro y brillante; y en medio de un silencio abismal, comenzó a tocar...

Era una música de olas, de llanuras y de ángeles. El viento en el desierto y las golondrinas en la mitad de la tormenta. En ese mismo momento, Falsy supo que tenía un corazón en la mitad del pecho, un corazón que cabalgaba como caballito de carreras... Y pensó que nunca, nunca dejaría ir esa noche, ni cuando fuese tan alta como mamá o tan vieja como Nana Narza, porque tía Merce había tocado especialmente para los niños e interpretaba una sonata de ese músico de nombre terrible, casi imposible de deletrear.

Falsy supo entonces lo que el abuelo trataba de decir cuando hablaba del recuerdo y del olvido, y se dijo:

—¡No quiero olvidar! ¡No debo olvidar!

Entonces, una cinta verde comenzó a escurrirse por el gran portón que daba a la Calle donde Canta la Rana. Era una cinta que se movía e iba derechito al piano y a la música. Y ya nunca, aunque pasaran un millón de años, los niños olvidarían esa noche.

La primera persona en advertir a la verde y sedosa serpiente de monte fue mamá. Rápidamente agarró a Luisito y a Elsy, que estaban a mano, y chilló...

—¡Socorro! ¡Auxilio!

Lucho comenzó a aullar, como un indio caribe en pie de guerra, pidiendo a gritos su lanza, su caballo y su reino, mientras Falsy, de un brinco, se encaramaba sobre el piano.

Y la tía Merce seguía tocando.

Las señoras lloraban, los hombres pedían palos y herramientas, los que venían de la vespertina del Teatro Colón se asomaban a las ventanas y tía Merce seguía tocando.

—¡Quieto todo el mundo! —ordenó el abuelo— ¡Nadie se mueva! —más todos lloraban, y papá intentaba calmarlos. Las Cervantes se secaban las lágrimas con pañuelitos bordados, los Gutiérrez comían pollito frito y tío Lucio y tío Gonzalo escuchaban la música embelesados.

Y tía Merce, derechita y sin moverse, seguía tocando el piano.

Momentos después, la verde serpiente se deslizó, ondulante, alejándose del piano, y fue hasta el rincón de la sala en donde mamita Modesta había dejado un tazón con leche tibia. Papá y Lucho consiguieron un palo de horqueta, informaron a la serpiente que no estaba invitada a la fiesta, y se la llevaron, enredada en el palo, camino del monte.

Abuelo se opuso a que la mataran. No era un animal venenoso, dijo, y tal vez sólo quería hacer una visita de cortesía.

Beethoven era un sujeto despeinado y lo que era una sonata ni Elsy ni Falsy ni Luisito lo sabían; tal vez Lucho sólo un poquito. Pero era algo grande, sonoro y maravilloso, como el viento del este, el ancho mar, la salida del sol o la luna nueva. Quería decir que estaban juntos, felices, que eran una familia y tenían los ojos abiertos.

Eran mamá, papá, tía Merce, tío Lucio y tío Gonzalo. El abuelo Tomás González y mamita Modesta. Falsy, Elsy, Lucho y Luisito.

Falsy nunca olvidaría. Siempre, siempre, tendría esa noche en su memoria.

Afuera, en la calle, se encendían montones de espermas, que titilaban con alegre chisporroteo, y convertían la noche en un día iluminado y feliz, en una fiesta de cocuyitos y de hadas.

—¿Qué día es hoy? —preguntó la niña.

—Siete de diciembre —respondió abuelo Tomás.

Siete de diciembre. La primera fecha de sus vidas, la víspera de una gran fiesta. Noche de encender velitas y tomar helados y pasear por las calles y saludarse con la gente.

Se acercaba la Navidad, que es tiempo de buñuelos, regalos, pesebres, campanas y misa de gallo. Pronto los niños cantarían villancicos y comenzarían a buscar hierbas, papel encerado, espejos redondos para los lagos de Belén y lentejuelas para la estrella de Oriente...

Se acercaba la Navidad y todos eran inmensamente felices —dijo suspirando la Feíta—, pero, ése... ése es otro cuento..., y se los contaré otro día.

26

Adivinanzas

ADIVINANZAS

Epa, epa,
me llevan al trote
y en cada esquina
me dan un azote. ¿Quién soy?

Respuesta: el epazote.

Dos cosas estando juntas
pelean hasta morir,
pero ambas las necesitamos,
cada día para vivir.

Respuesta: el agua y el fuego.

No tengo nada de linda,
ni tengo nada de coja,
y entre el telar y la caza
me paso la vida toda.

Respuesta: la araña.

Somos de raza robusta
a quien no espantan los fríos,
vamos sin ropa en invierno
y en verano nos vestimos.

Respuesta: los árboles.

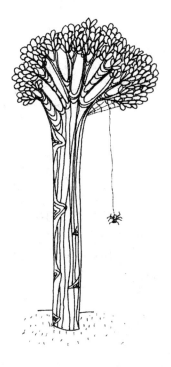

Con lo que llueve y nada,
¿qué palabra formarás?

Respuesta: el aguacero.

¿Quién es aquel pobrecito
siempre andando,
siempre andando
y no sale de su sitio?

Respuesta: el reloj.

¿Quién es el que cuando las tiene
jamás se quita las espuelas y la corona?

Respuesta: el gallo.

Blanco como el papel,
rojo como el clavel;
aunque pica no es pimiento...
aciértalo en un momento.

Respuesta: el rábano.

Custodia soy del tesoro,
de ropa dinero y trigo;
a mi amo siempre sigo;
puedo ser de plata y oro
y algunos se honran conmigo.

Respuesta: la llave.

Estoy en el universo,
pero no estoy en el mundo;
de Dios soy inseparable,
y de los ángeles huyo;
con la virgen ando siempre,
pero no estoy en su manto;
me ven siempre con el Diablo,
pero nunca con los santos.

Respuesta: la letra "I".

Siempre estamos alumbrando a Dios,
haciendo servicio,
y en los templos y moradas.
atajamos cualquier vicio,
descubriendo las pisadas.

Respuesta: las lámparas.

Entre tabla y tabla
hay un hombre que no habla.

Respuesta: el muerto.

Llevo secretos a voces
corriendo por esos mundos
y sin que nadie los oiga,
los doy en unos segundos.

Respuesta: el teléfono.

31

Soy cuerpo que nadie vio
y existe entre los mortales;
soy causa de muchos males
siendo criado por Dios,
pero si faltare yo,
mueren hombres y animales.

Respuesta: el aire.

Jamás aprendí a escribir
y soy experta escribana,
y con invención galana
te suelo siempre servir
sin cansar tarde o mañana.

Respuesta: la imprenta.

Uno que no tiene pies,
que con no tenerlos corre
y que con sortijas ves
y a su tiempo nos socorre,
¿sabrás decirme quién es?

Respuesta: el correo.

Muelo sin ser molinero,
soy cual piñón mondado;
hago muy buen compañero;
ajo alguno me ha llamado,
más ese nombre no quiero.

Respuesta: el diente.

En medio del cielo estoy
sin ser luna ni estrella,
si quieres que te lo diga,
léeme aquí y espera.

Respuesta: la letra "E".

Tiene dientes y no come,
tiene cabeza y no es hombre. ¿Qué es?

Respuesta: el ajo.

Alto altanero, gran caballero,
gorra encarnada, espuela de acero.

Respuesta: el gallo.

Mi madre tiene una manta
que no la puede doblar,
en ella guarda un tesoro
que nadie puede contar.

Respuesta: el cielo y las estrellas.

¿Qué es lo que entra en el agua y no se moja?

Respuesta: la sombra.

Verde fue mi nacimiento,
negro mi crecimiento,
a medida que voy muriendo,
blanco me voy poniendo.

Respuestae: el carbón.

33

Si me pronuncias se rompe.

Respuesta: el silencio.

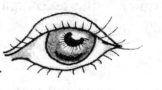

Peludito arriba,
peludito abajo
y en el medio tiene un tajo.

Respuesta: el ojo.

¿Quién es esa cosa tan atrevida y tan loca,
que delante de la reina besa al rey en la boca?

Respuesta: la mosca.

Un niñito blanco,
cabecita roja, si lo rascan grita,
y después se enoja.

Respuesta: el cerillo.

Pino sobre pino,
sobre pino lino,
sobre lino flores
y alrededor amores.

Respuesta: la mesa.

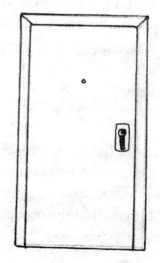

Tengo hojas sin ser árbol,
te hablo sin tener voz,
si me abres yo me quejo,
¿adivinas ya quién soy?

Respuesta: la puerta.

34

Un pajarito pasó por el mar,
sin pico y sin nada me vino a picar.

Respuesta: el chile.

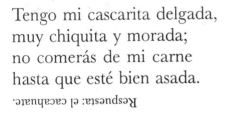

En blanco pañal nací,
y en verde me cultivé,
tan malo fue mi destino
que amarillo me quedé.

Respuesta: el limón.

Tengo mi cascarita delgada,
muy chiquita y morada;
no comerás de mi carne
hasta que esté bien asada.

Respuesta: el cacahuate.

En el campo fui nacida,
las llamas son mi alimento;
dondequiera que me llevan
es para darme tormento.

Respuesta: la leña.

De lejos vengo,
muy lejos voy,
piernas no tengo,
viajero soy.

Respuesta: el camino.

35

En una cara tiene un ojo,
en otra tres y en otra seis;
si quieres probar tu suerte
juégalo y déjalo caer.

Respuesta: el dado.

Si tú le gritas tu nombre,
tu nombre ha de repetir.
Si le dices "yo te quiero",
que te quiere te dirá a ti.

Respuesta: el eco.

Canciones y Juegos

Naranjas y limas

Canción popular mexicana

Naranjas y limas,
limas y limones,
más linda es la Virgen
que todas las flores.

Salgan acá fuera,
miren qué primores;
verán a la rama
cubierta de flores.

Denme mi aguinaldo
si me lo han de dar,
que la noche es larga,
tenemos que andar.

Salgan acá fuera,
miren qué bonito;
verán a la rama
con sus farolitos.

Ya se va la rama
muy agradecida,
porque en esta casa
fue bien recibida.

Ya se va la rama
muy desconsolada,
porque en esta casa
no le dieron nada.

EL TORITO

Canción popular mexicana

Este torito que traigo
no es pinto ni colorado,
es un torito barroso,
de los cuernos recortado.

¡Lázalo, lázalo, lázalo,
lázalo que se te va!
Y échame los brazos, mi alma,
si me tienes voluntad.

¡Lázalo, lázalo, lázalo,
lázalo, que se te fue!
Échame los brazos, mi alma,
y nunca te olvidaré.

Este torito que traigo
lo traigo desde Tenango,
y lo vengo manteniendo
con cascaritas de mango.

41

¡Lázalo, lázalo, lázalo,
lázalo que se te va!
Y échame los brazos, mi alma,
si me tienes voluntad.

Este torito que traigo
lo traigo desde Jalapa,
y lo vengo manteniendo
con pura sopa borracha.

¡Lázalo, lázalo, lázalo,
lázalo, que se te fue!
Échame los brazos, mi alma,
y nunca te olvidaré.

Este torito que traigo
lo traigo desde Campeche,
y lo vengo manteniendo
con pura sopa de leche.

¡Lázalo, lázalo, lázalo,
lázalo que se te va!
Y échame los brazos mi alma,
si me tienes voluntad.

Rimas y Poemas

Caballitos

Antonio Machado

Pegasos, lindos pegasos,
caballitos de madera.

Yo conocí siendo niño,
la alegría de dar vueltas
sobre un corcel colorado
en una noche de fiesta.

En el aire polvoriento
chispeaban las candelas,
y la noche azul ardía
toda sembrada de estrellas.

Alegrías infantiles
que cuestan una moneda
de cobre, lindos pegasos,
caballitos de madera.

Balada de Doña Rata

Conrado Nalé Roxlo

Doña Rata salió de paseo
por los prados que esmaltan estío,
son sus ojos tan viejos, tan viejos,
que no puede encontrar el camino.

Demandóle a una flor de los campos:
—Guíame hacia el lugar en que vivo.
Mas la flor no podía guiarla
con los pies en la tierra cautivos.

Sola va por los campos, perdida,
ya la noche la envuelve en su frío,
ya se moja su traje de lana
con las gotas de fresco rocío.

A las ranas que halló en una charca
Doña Rata pregunta el camino,
mas las ranas no saben que exista
nada más que su canto y su limo.

A buscarla salieron los gnomos,
que los gnomos son buenos amigos.
En la mano luciérnagas llevan
para ver en la noche el camino.

Doña Rata regresa trotando
entre luces y barbas de lino.
¡Qué feliz dormirá cuando llegue
a las pajas doradas del nido!

Una vez, érase que se era...

Ramón Pérez de Ayala

Érase una niña bonita,
le decían todos ternezas
y le hacían dulces halagos.
Tenía la niña una muñeca,
era la muñeca muy rubia
y su claro nombre Cordelia.
Una vez, érase que se era...
La muñeca, claro, no hablaba,
nada decía a la chicuela.
—¿Por qué no me hablas como todos
y me dices palabras tiernas?
La muñeca nada responde.
La niña enojada se altera.
Tira la muñeca en el suelo
y la rompe y la pisotea.
Y habla entonces, por un milagro,
antes de morir, la muñeca:
—Yo te quería más que a nadie,
aunque decirlo no pudiera.
Una vez érase que se era...

48

EL NIÑO DE LA PALMA

Rafael Alberti

¡Qué revuelo!

¡Aire, que al toro torillo
le pica el pájaro pillo
que no pone el pie en el suelo!

¡Qué revuelo!

Ángeles con cascabeles
arman la marimorena,
plumas nevando en la arena
rubí de los redondeles.

La Virgen de los caireles
baja una palma del cielo.

¡Qué revuelo!

—Vengas o no en busca mía
torillo mala persona,
dos cirios y una corona
tendrás en la enfermería.

¡Qué alegría!
¡Cógeme, torillo fiero!
¡Qué salero!

De la gloria, a tus pitones,
bajé, gorrión de oro,
a jugar contigo al toro,
no a pedirte explicaciones.

¡A ver si te las compones
y vuelves vivo al chiquero!

¡Qué salero!
¡Cógeme, torillo fiero!

Alas en las zapatillas,
céfiros en las hombreras,
canario de las barreras
vuelas con las banderillas,
campanillas te nacen en las chorreras.

¡Qué salero!
¡Cógeme, torillo fiero!

Da, toro torillo, un grito
y ¡a la gloria en angarillas!

¡Qué salero!
¡Que te arrastren las mulillas!
¡Cógeme, torillo fiero!

Mi hermano el hombre

Nezahualcóyotl

Amo el canto del cenzontle,
pájaro de cuatrocientas voces;
amo el color del jade
y el enervante perfume
de las flores;
pero amo más a mi hermano:
el hombre.

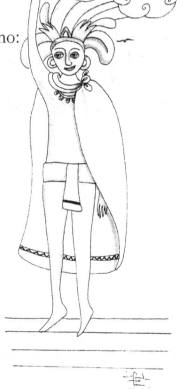

51

Estaba la muerte un día...

(Clavera anónima)

Estaba la muerte un día
sentada en un arenal
comiendo tortilla fría
pa' ver si podía engordar.

Estaba la muerte seca
sentada en un muladar
comiendo tortilla dura
pa' ver si podía engordar.

52

La primavera de la aldea

Jaime Torres Bodet

La primavera de la aldea
bajó esta tarde a la ciudad,
con su cara de niña fea
y sus vestidos de percal.

Traía nidos en las manos
y le temblaba el corazón,
como en los últimos manzanos
el trino del primer gorrión.

Tenía, como los duraznos
de nieve y rosa hecha la piel,
y sobre el lomo de los asnos
llevaba su panal de miel.

A la ciudad la primavera
trajo del campo un suave olor,
en las tinas de la lechera
y las jarras del aguador.

DOÑA PRIMAVERA

Gabriela Mistral

Doña Primavera
viste que es primor,
de blanco, tal como
limonero en flor.

Lleva por sandalias
unas anchas hojas,
y por caravanas
unas fucsias rojas.

Salgan a encontrarla
por esos caminos.
¡Va loca de soles
y loca de trinos!

Doña Primavera
de aliento fecundo,
se ríe de todas
las penas del mundo…

No cree al que le habla
de las vidas ruines.
¿Cómo va a entenderlas
entre sus jazmines?

¿Cómo va a entenderlas
junto de las fuentes
de espejos dorados
y cantos ardientes?

A MI PRIMER NIETO

Miguel de Unamuno

La media luna es la cuna,
¿y quién la brisa?,
y el niño de la media luna,
¿qué sueños riza?

La media luna es una cuna,
¿y quién la mece?,
y el niño de la media luna,
¿para quién crece?

La media luna es una cuna,
va a la luna nueva;
y al niño de la media luna,
¿quién me lo lleva?

Trabalenguas

LA PERRA DE PARRA

Guerra tenía una parra
y Parra tenía una perra,
y la perra de Parra
mordió la parra de Guerra,
y Guerra, con una porra,
le pegó a la perra de Parra.
—Diga usted señor Guerra,
¿por qué le pegó usted a la perra
con la porra?
—Porque si la perra de Parra
no hubiera mordido la parra de Guerra,
Guerra no le hubiera pegado
a la perra de Parra con la porra.

POPOCATÉPETL

El humo del Popocatépetl
se quiere despopocatepetlizar,
aquel que lo despopocatepetlizare
buen despopocatepetlizador será.

PIRAGUAMONTE, PIRAGUA

Lope de Vega

Piraguamonte, piragua,
piragua, jevizarizagua.
Bío, Bío,
mi tambo le tengo en el río.
Yo me era niña pequeña,
y enviáronme un domingo
a mariscar por la playa
del río del Bío Bío;
cestillo al brazo llevaba
de plata y oro tejido.
Bío, Bío,
que mi tambo le tengo en el río.
Piraguamonte, piragua,
piragua, jevizarizagua.
Bío, Bío,
que mi tambo le tengo en el río.

61

LAS TABLAS DEL RÍO

Por el río van tres tablas
encaravinculadas.
El desencaravinculador
que las desencaravincule
buen desencaravinculador será.

LA CABRA ÉTICA

Una cabritilla ética, palética, muda, peluda y pararampampluda,
parió siete cabritillas éticas, paléticas, mudas, peludas y pararampampludas.
Si no hubiera sido por la cabritilla ética, palética,
muda, peluda y pararampampluda,
no habrían nacido siete cabritillas éticas, paléticas,
mudas, peludas y pararampampludas.

CUENTA CUENTOS

Cuando cuentes cuentos
cuenta cuántos cuentos cuentas,
porque si no cuentas
cuántos cuentos cuentas
nunca sabrás cuantos cuentos
sabes contar.

(*Variante*)
Cuando cuentes cuentos,
cuenta cuántos cuentos cuentas,
para que sepas cuántos cuentos cuentas
cuando cuentos cuentes.

(*Variante*)
Cuando cuentes cuentos,
cuenta cuántos cuentos cuentas,
porque cuando cuentas cuentos
nunca cuentas cuántos cuentos cuentas.

La cochina marrana

Una cochina marrana, mangana,
santana y tacaña,
tenía diez cochinitos
marranitos, manganitos,
santanitos y tacañitos.
Si la cochina marrana, mangana,
santana y tacaña
no hubiera sido marrana, mangana,
santana y tacaña,
sus cochinitos no hubieran sido
marranitos, manganitos,
santanitos y tacañitos.

EL PATO ÉTICO

Era un pato ético,
palmípedo, plumenpetético,
pelado, plumífero, pelenpetudo,
que tuvo diez patos éticos,
palmípedos, plumenpetéticos,
pelados, plumíferos, pelenpetudos.

La casa de Perendengue

En casa de Perendengue
hay una carancandinga
con cuarenta caracandinguillos
que piden comer a chillidos
a su madre carancandinga
que no aguanta Perendengue.

Gimnasia

Haces gimnasia, tomas magnesia,
buscas pigrisia, hallas marfesia.
De aquí a la Polinesia,
desde China hasta Grecia,
de Japón hasta Batracia,
estos versos no hacen gracia
ni aquí ni en la farmacia.

Chistes
Y
Colmos

CHISTES Y COLMOS

¿Cómo se dice "suela" en chino?
—Ta-kon.
¿Y licor?
—Te-kila.

El niño más travieso y más atrasado de la clase llega cierto día a casa con un ramo de flores para su mamá y le dice:
—¿Quién es la mamita más linda del mundo?
Ésta pregunta con desconfianza:
—Y bien, Juanito, ¿qué hiciste hoy?, ¿mandaste al hospital a uno de tus compañeritos o reprobaste?

Una mujer llega a hospedarse a un lujoso hotel de la ciudad de México y sorprendida observa que en la recepción del hotel hay un rebaño de ovejas. Extrañada, pregunta al administrador:
—¿Qué significa este rebaño dentro del hotel?
El interrogado responde:
—Es para un millonario que se hospeda en la suite presidencial. Tiene problemas para dormir.

Iztaccíhuatl está platicando con el Popo:

—¡Mira cómo tienes a los integrantes de Protección Civil!, tienes que moderar tu carácter.

—Trato de estar tranquilo, querida, pero a veces siento que voy a estallar.

Un desesperado acude a visitar a Madame Sabelotodo, famosa adivinadora, a fin de conocer su futuro:

—Disculpe, Madame, ¿cuánto cobra por adivinar el futuro?

—Cien pesos —responde ella—, pero sólo tiene derecho a hacer dos preguntas.

—Está bien. Aquí tiene el dinero, pero, ¿no le parece que es demasiado cien pesos por dos preguntas?

—Por supuesto; ¿cuál es la segunda pregunta?

Era un príncipe tan, pero tan feo que Cenicienta se fue del baile a las once y media.

La maestra le preguntó a Pepito:

—¿Qué quieres ser cuando seas grande?

—Marinero, maestra.

—¿Por qué Pepito?

—Porque mi instructora de catecismo dice que todos estamos en la tierra para trabajar, pero del mar no mencionó nada.

Un monaguillo gallego sube al campanario y comienza a tocar las campanas. Una mujer que pasa por la calle le grita:

—¿Por qué repican las campanas?

Y el niño gallego contesta:

—Porque les estoy jalando el lazo.

La dueña de la casa de huéspedes le dice al nuevo inquilino:

—El último ocupante fue un inventor; inventó un explosivo.

—Supongo que esas manchas en el techo son del explosivo —comentó el inquilino.

—No —respondió la casera—; son del inventor.

Dice el pequeño Bernabé:

—Tengo dolor de estómago.

—Es porque no has comido y tu estómago está vacío, por eso te duele —le contestó su tía Bertha.

Y el pequeño Bernabé responde:

—Ahora ya sé por qué el tío Germán siempre tiene dolor de cabeza: ¡porque la tiene vacía!

¿Cuál es el colmo de una botella?

—Resfriarse por dormir destapada.

¿Cuál es el colmo de una aspiradora?

—Tener alergia al polvo.

¿Por qué "todo junto" se escribe separado, y "separado" se escribe todo junto?

❧❧❧❧❧❧❧❧❧❧

Tratando una madre de explicar a su pequeño hijo qué es un milagro, le pregunta:

—¿Qué sería si cayeras de un quinto piso y no te pasara nada?

—Suerte —responde el hijo.

—¿Y si caes otra vez y no te vuelve a pasar nada?

—Eso es buenísima suerte.

—Y si vuelves otra vez a caer y no te vuelve a pasara nada, ¿qué es?

—Pues eso ya es práctica, mamá.

❧❧❧❧❧❧❧❧❧❧

—¡Qué lindo perrito! —le dijo un hombre a un niño que jugaba con un cachorro.

—¿Lo quiere comprar?

—¿En cuánto lo vendes?

—En diez mil pesos, señor.

—¡No puede ser, es un perrito callejero!

—Sí, pero vale diez mil pesos.

El hombre se fue, pero varios días después pasó de nuevo por ahí. Como vio que el niño ya no tenía al perro, le preguntó:

—¿Y en cuánto lo vendiste?

—En diez mil pesos, señor. Eso valía.

—¿Te pagaron los diez mil?

—¡Claro!, me los pagó otro niño con dos gatitos de cinco mil cada uno.

Una pareja de caníbales se había terminado de comer a un payaso. Entonces, el esposo caníbal le pregunta a la mujer:

—¿Qué te pareció el banquete?

Y mamá caníbal le contesta:

—No sé, me supo chistoso.

A un muchacho se le descompone el coche en plena carretera, cerca de una granja. De pronto, el muchacho se da cuenta de que una gallina camina directamente hacia él, y le dice:

—Si su coche está descompuesto, seguramente es porque el motor no anda bien.

El muchacho retrocede, sin poder creer lo que sucede. Entonces, mira que el granjero se acerca y aprovecha para preguntarle:

—Oiga, ¿cómo es posible que su gallina hable?

—Sí, pero no le haga caso. Esa gallina no sabe nada de mecánica.

En la sala de juntas de los profesores, un maestro se queja de Pepito:

—¡Ese Pepito es un desastre! ¡Por su culpa me han salido muchísimas canas!

—No te preocupes —le dice el antiguo maestro de Pepito que está calvo—. Cada vez que te salga una cana, arráncatela.

Un día, en una función de circo, estaba un ventrílocuo que, a través de su muñeco, se burlaba de lo tontos que eran los gallegos. Para su desgracia, Venancio se encontraba entre el público, así es que muy enojado fue hasta la pista del circo.

—¡No es verdad que los gallegos seamos tontos!

—Discúlpeme joven, no quise ofenderlo —le contesta el ventrílocuo.

—¡Usted no se meta señor, que el problema es con el muñeco!

❦

Pregunta una maestra a sus alumnos:

—¿Alguien sabe qué es una brújula?

Y Pepito responde rápidamente:

—Una brújula es una viéjula montada en una escóbula.

❦

¿Por qué los elefantes no usan computadoras?

—Porque les da miedo el ratón.

❦

En una fiesta de puntos llega un asterisco, pero el portero no lo deja entrar y le dice:

—No puedes pasar porque no eres un punto.

—Si soy, lo que pasa es que hoy no me peiné.

❦

¿Sabes cómo se dice espejo en chino?

—Pelo-chi-choi-yo.

Un señor muere y se va al cielo. Él llega allí justamente cuando están poniéndole tareas a los recién llegados, por lo que pregunta:

—¿Y yo qué tengo que hacer?

San Pedro le responde:

—Tú tienes que hacer niños.

—Y, ¿cómo se hacen?

—Apretando esta palanca —le indica.

Entonces comienza a apretarla: un niño, 2, 3, 4, 5... pero de pronto le sale uno negrito, y muy asustado grita:

—¡Hay que se me queman!

Luego de que secuestran a Pepito, el delincuente escribe un ultimátum y lo envía a la madre del niño: "Le advierto que si en veinticuatro horas no paga cien mil pesos, le devolveremos a su hijo".

La profesora de Pepito lo regaña por millonésima vez:

—¿Qué será de tu vida si continúas así? Nunca sacas dieces y has estado a punto de reprobar. ¿Te gustaría reprobar el año?

—Sí, señorita.

—¿Por qué?

—Porque mi papá me ha prometido sacarme de la escuela si repruebo.

Pepito, ¿qué pasó con el peso que te di en la mañana?

—Lo perdí, mamá.

—¿Otra vez?, ayer también lo perdiste.

—Sí, pero no te preocupes, un día de éstos gano el volado.

—A ver, Juanito, dime una palabra que contenga varias letras "o".

—Goloso.

—Muy bien, ¿a ver tú, Ponchito?

—Cocotero.

—Perfecto, ¿y tú, Pepito?

—¡Gooooool!

Pregunta un caníbal a otro:

—¿Así que te volviste vegetariano?

—Sí, ahora ya sólo como las palmas de las manos y las plantas de los pies.

¿Qué le dijo el dedo gordo del pie izquierdo al dedo gordo del pie derecho?

—"No voltees, porque nos vienen siguiendo unos talones".

El niño caníbal llega al colegio con un niño pequeño y la profesora le pregunta:

—¿Ése es tu hermanito?

—No, profesora, es mi almuerzo.

—¿Cómo le fue a Bernardito en su examen de historia? —pregunta el papá a la mamá al llegar a su casa por la noche.

—No muy bien —dice la señora—. Le preguntaron puras cosas que ocurrieron cuando él todavía no había nacido.

—¡Mamá, mamá, me picó una víbora!

—¿Qué…? ¿Cobra…?

—No, gratis.

Un día, la momia llega a su casa toda andrajosa, con las vendas colgando por todas partes:

—¡Mira nada más —le dice su esposa—, estás hecho una ruina! ¿Qué te pasó?

—Es que quería entrar al supermercado y me encontré con una puerta giratoria, nada más que a la mitad me arrepentí.

Un día se encuentran en el cielo un perico y un pollito todo chamuscado.

—¿Qué te pasó, pollito?, ¿te quemaste con los cables de la luz?

—No, es que acabo de salir de la rostícería.

Un día llega papá caníbal a su casa:

—¡Vieja, ya llegué! Traje un amigo para cenar.

—¡Muy bien, querido! —contesta la esposa—. Métalo al refrigerador y mañana lo cocino.

—A ver, Pepito, ¿cómo se llaman los que han nacido en Francia?

—¿Todos, profesor?

En un restaurante caníbal, uno de los comensales pregunta al mesero:

—¿Cuánto cuesta una cena para dos personas?

—Cien pesos por cabeza.

—Muy bien. Tráiganos dos cabezas y una ensalada de dedos.

Estaba Venancio brincando por la calle, cuando José, al verlo, le pregunta:

—¿Qué te pasa?, ¿estás bien?

—Sí, hombre, lo que pasa es que me tomé mi jarabe y se me olvidó agitar la botella primero.

Una muchacha muy alterada le llama a su mejor amiga:

—¡Tienes que venir a ayudarme, Natalia! ¡Tengo un rompecabezas y no soy capaz de empezarlo!

—¿Qué clase de rompecabezas es Margarita?

—Según la foto de la caja, es un tigre.

—Ahorita voy a ayudarte.

Natalia llega a la casa de Margarita, y luego de mirar la caja donde supuestamente venía el rompecabezas, le dice:

—Pues yo tampoco no veo cómo unir estas piezas para formar el tigre. Mejor relájate, tómate un café y después metes todas las zucaritas en su caja.

Era un bonito día en la selva africana y el león había organizado una fiesta para celebrar el primer centenario de su gran amiga la tortuga, por lo que había invitado a todos los animales.

La fiesta estaba muy animada, pero la tortuga estaba un poco seria, por lo que el león, al verla, dijo en voz alta:

—Como mi amiga está muy seria, para alegrarla, cada uno de ustedes contará un chiste, y si no la hace reír, me lo comeré.

Entonces, el chango empieza a contar un chiste buenísimo que hace reír a todo el mundo, excepto a la tortuga. Viendo esto, el león lanzó un zarpazo al chango y se lo devoró.

Después la liebre, muy segura de su simpatía, cuenta otro chiste tan bueno como el del chango que hace carcajear a la selva entera, menos a la tortuga. Así es que corrió la misma suerte del changuito.

De pronto, se escucha la voz del hipopótamo, que les dice:

—Yo sé uno muy bueno.

Y cuenta un chiste malísimo que a nadie le causó la menor gracia. Pero, extrañamente, la tortuga se carcajeaba sin cesar. Entonces el león, sorprendido, le pregunta:

—¿Acaso te gustó el chiste del hipopótamo?

—No —contesta la tortuga—, lo que pasa es que le acabo de entender al chiste del chango.

81

Un motociclista va a ciento cincuenta kilómetros por hora en una carretera y de pronto se encuentra de frente con un pajarito al que no puede esquivar. Por el espejo retrovisor se da cuenta de que el pobre animalito da vueltas y vueltas en el piso. El motociclista, por el remordimiento, regresa a levantar al pobre pajarito. Como ve que para su fortuna el pajarito no estaba tan mal, aunque sí inconsciente, decide llevarlo a su casa y encerrarlo en una jaulita mientras se recupera.

Al día siguiente, el pajarito se despierta y al notar que está encerrado en una jaula que parece cárcel, dice:

—¡No puede ser, maté al motociclista!

Estaban dos niños cubanos sentados en la calle, cuando Santa Claus pasó justo encima de ellos. Entonces el más pequeño le preguntó al otro:

—¿Quién e' e' que ta' allá arrib?

—Papá Noé —contesta el otro.

—Mamá tampoco —contesta el más pequeño.

¿Qué sucedería…

…si cruzaras a un pingüino con una cebra?

—Pues saldría un pingüino con traje de etiqueta rayado.

¿O si cruzaras un novillo con un sapo?

—Pues una rana-toro.

¿O un cerillo con un mosquito?

—Pues una polilla que en lugar de picarte, te quemaría.

¿O un puerquito con un nopal?

—Pues un puercoespín.

¿O un león con un perro?

—Pues un animal que trague humanos y que entierre sus huesos.

¿Y si cruzas un puerquito con el demonio de Tasmania?

—Pues jamón endiablado.

¿O si cruzas un poste de luz con una jirafa?

—Un poste de luz ambulante.

¿Y si cruzas una serpiente con un canguro?

—Pues una cuerda para saltar.

Refranes

REFRANES

- El que con lobos anda, a aullar se enseña.

- El que nace para maceta, del corredor no pasa.

- Al pan, pan, y al vino, vino.

- El flojo y el mezquino, andan dos veces el camino.

- Los borrachos y los niños siempre dicen la verdad.

- Quieres chiflar y comer pinole.

- En país de ciegos, el tuerto es rey.

- Siembra vientos y recoge tempestades.

- La mona aunque se vista de seda, mona se queda.

- Lo cortés no quita lo valiente.

- Perro viejo, no aprende truco nuevo.

- Es la misma gata, pero revolcada.

- A otro perro con ese hueso.

- El que compra barato, compra a cada rato.

- El que tenga tienda que la atienda, y si no que la venda.

- En casa del herrero, azadón de palo.

- Cuando el río suena, es que agua lleva.

- Árbol que nace torcido, nunca su rama endereza.

- El que en pan piensa, hambre tiene.

- A palabras necias, oídos sordos.

- El que no habla, Dios no lo oye.

- A fuerza ni los zapatos entran.

- El que a buen árbol se arrima, buena sombra le cobija.

- Del árbol caído, todos quieren hacer leña.

- Caras vemos, corazones no sabemos.

• Después del niño ahogado, se tapa el pozo.

• Al buen entendedor, pocas palabras.

• Al mal paso darle prisa.

• Al nopal lo van a ver sólo cuando tiene tunas.

• Aquí se rompió una taza y cada quien para su casa.

• Barriga llena, corazón contento.

• Como te ven, te tratan.

• De dos que se quieran bien, con uno que coma basta.

• De limpios y tragones están llenos los panteones.

• Del dicho al hecho hay mucho trecho.

• Echando a perder se aprende.

• El comal le dijo a la olla.

• El miedo no anda en burro.

• El que la hace la paga.

- El que parte y comparte, se queda con la mejor parte.

- El que quiera azul celeste, que le cueste.

- El vino se hizo para los reyes y el agua para los bueyes.

- En el modo de pedir está el dar.

- En esta vida todo se paga.

- Entra más fácil la bala que la razón.

- Entre más alto se esté, más dura es la caída.

- Es mejor un mal arreglo que un buen pleito.

- Hacer caravanas con sombrero ajeno.

- La experiencia es la madre de la ciencia.

- Le salió el tiro por la culata.

- Limosnero y con garrote.

- Llamarada de petate.

- Lo que no es en tu año, no es en tu daño.

- Los patos les tiran a las escopetas.

- ¿Me sabes algo, o me hablas al tanteo?

- Miren al burro hablando de orejas.

- Mucho ayuda el que no estorba.

- No hagas cosas buenas que parezcan malas.

- No hay peor sordo que el que no quiere oír.

- No hay mal que por bien no venga.

- Nunca falta un negrito en el arroz.

- Nunca falta un roto para un descosido.

- Para muestra basta un botón.

- Que cada quien se rasque con sus propias uñas.

- Río revuelto, ganancia de pescadores.

- Sale más caro el caldo que las albóndigas.

- Una golondrina no hace verano.

- Vale más cabeza de ratón que cola de león.

• Aquel que no ve adelante, atrás se queda.

• En ocasiones, el primero de la clase es el último en la vida.

• El que mete mano en bolsa ajena, se condena.

• Aquellos que dicen mentiras deben tener muy buena memoria.

• Una vida bien vivida trae una muerte feliz.

• Quien de su casa se aleja, no la encuentra como la deja.

• Hoy por ti, mañana por mí.

• No hemos conocido el bien, hasta que lo hemos perdido.

• A la cama no te irás, sin saber una cosa más.

• Cada cual sabe dónde le aprieta el zapato.

• Cuando una puerta se cierra cientos se abren.

• Dinero que prestaste, enemigo que te echaste.

• El que algo quiere, algo le cuesta.

• El que avisa no es traidor.

• El que juega con fuego siempre sale quemado.

• El que no se consuela es porque no quiere.

• El sabio siempre quiere aprender, el ignorante siempre quiere enseñar.

• Es de bien nacidos ser agradecidos.

• La avaricia rompe el saco.

• La paciencia es la madre de la ciencia.

• La práctica vale más que la gramática.

• Malo vendrá que bueno me hará.

• Mientras hay vida, hay esperanza.

• No es más limpio el que más limpia, sino el que menos ensucia.

• No vendas la piel antes de cazar al oso.

Índice

Esta obra se terminó de imprimir en enero de 2013
en los talleres de Edamsa Impresiones S.A. de C.V.
Av. Hidalgo No. 111, Col. Fracc. San Nicolás Tolentino,
Del. Iztapalapa, C.P. 09850, México, D.F.